AGL EDITIONS

100 expressões francesas REAIS

Bem-vindos a todos !

Esperamos que gostem da vossa viagem linguística ao coração da língua francesa e das suas expressões.

Vemo-nos no fim

AGL EDITIONS

SUMÁRIO EXECUTIVO

PALAVRAS

NIBARDS

Definição :

Expressão muito coloquial que se refere aos seios. Este termo irreverente é utilizado para descrever esta parte do corpo feminino. A sua origem exacta não é clara, mas evoluiu ao longo do tempo para se tornar um lugar-comum na linguagem popular.

Em que situação?

Imaginem a cena: uma reunião de escritório aborrecida, os olhos começam a vaguear e as mentes a divagar. De repente, o palhaço do escritório decide animar o ambiente com uma piada alegre: "Bem, se esta reunião fosse um par de "nibards", seria certamente um peito liso! "A sala irrompe em gargalhadas abafadas e, de repente, até o diretor executivo, frio e rígido, não consegue deixar de sorrir.

É nestes momentos de dificuldade que a palavra "nibards" pode brilhar. Entra nas conversas, elevando automaticamente o nível de descontração.

BOUFFE

Definição :

Utilizado para se referir à comida de uma forma informal e familiar. É um termo popular que transcende as barreiras sociais. Utilizado em contextos informais, incorpora uma abordagem descontraída e por vezes apaixonada da comida, enfatizando o simples prazer de comer.

Em que situação?

Imagine uma noite com amigos, cada um trazendo a sua especialidade culinária. De repente, o anfitrião exclama: "Amigos, a "bouffe" está servida!" Instantaneamente, todos abandonam as suas conversas e correm para a mesa repleta de iguarias. A palavra "bouffe" torna-se o verdadeiro herói da noite, uma palavra que reúne gourmets e gourmands numa celebração partilhada da gastronomia.

A utilização da palavra "bouffe" numa conversa cria um ambiente descontraído e jovial.

MICHES

Definição :

"Les miches". É uma expressão coloquial e jovial para descrever o baixo de uma pessoa. Este termo alegre é frequentemente utilizado em contextos informais, amigáveis e familiares para se referir a esta parte do corpo.

Em que situação?

Imagine-se num churrasco de verão, com o grelhador a crepitar, as gargalhadas a explodir e, de repente, do nada, um amigo provocador diz: "Cuidado, os "miches" do frango estão a arder!" A tensão à volta do grelhador dissipa-se numa explosão de gargalhadas colectivas.

Num ambiente mais formal, como uma reunião de escritório, alguém diz: "Estou aqui sentado há tanto tempo que os meus "miches" ficaram quadrados! Instantaneamente, o ambiente de tristeza na sala evapora-se.

Como pode ver, os usos da palavra "miches" são tão variados como os posteriores que descreve.

PIF

Definição :

Expressão informal utilizada para se referir ao nariz. É um termo ligeiro, coloquialmente afetuoso, que evoca a ideia do nariz de uma forma informal. É frequentemente utilizado para realçar o aspeto físico deste apêndice nasal. A utilização da palavra "Pif" confere um toque de proximidade.

Em que situação?

O uso desta palavra dá um toque de simpatia e intimidade, mesmo em situações em que se poderia esperar um tom mais sério; "Ele levou uma pancada no "pif" durante o jogo de râguebi!" diz um amigo, transformando assim uma lesão aparentemente grave numa simples anedota divertida.

A palavra também pode ser usada para descrever a aparência do nariz de uma forma indiferente. Em suma, "pif" é a palavra casual perfeita para nariz, acrescentando uma dose de humor e familiaridade a situações que poderiam parecer demasiado sérias.

Porquê evitá-lo?

UN THON

Definição :

A palavra "Thon" que, em primeiro lugar, se refere a um peixe que navega em águas profundas. Também pode ser uma forma de descrever alguém que se considera pouco atrativo. É muito gráfica e fácil de utilizar.

Em que situação?

Imagine que está numa loja e se depara com uma pessoa feia. Podes dizer: Olha para aquele "thon", nem os pescadores o teriam querido.

Informalmente, pode aplicar-se a situações mais íntimas. Por exemplo, se a tua "sogra" entra na sala de estar, podes dizer: "COMEÇA, o grande "thon" está a chegar! "É uma forma direta de exprimir o seu ressentimento em relação a alguém.

MANGE-MERDE

Definição :

A expressão "mange-merde" é uma forma de descrever alguém de quem não gostamos, que consideramos desagradável ou cujo comportamento é inaceitável. É muito prática e fácil de utilizar.

Em que situação?

Imagine-se numa reunião em que o seu colega o interrompe. Podias dizer: "és um "mange-merde", deixa-me acabar".
Informalmente, pode aplicar isto a situações mais íntimas. Por exemplo, se o seu avô tem dificuldade em andar e lhe pede para ir buscar o controlo remoto, pode dizer: "Deixa-me em paz, "mange-merde", estou cansado! É uma forma subtil de reconhecer um incómodo causado.

MARIE-COUCHE-TOI-LÀ

Definição :

"Marie-couche-toi-là" é uma expressão francesa popular, embora a sua utilização possa ser entendida como vulgar ou sexista. A expressão refere-se a uma mulher que é vista como fácil ou disposta a envolver-se em actividades sexuais sem grandes reservas. A sua utilização pode ser ofensiva e degradante para as mulheres.

Em que situação?

Imagine-se numa festa em que alguém chega e lhe oferece favores sexuais em troca de um copo de álcool. Poderás dizer: "Essa é uma Marie-couche-toi-là".

De uma forma diferente, pode aplicar-se a situações mais tradicionais. Por exemplo, se uma amiga lhe disser que dormiu com 3 homens esta semana, pode rir-se e dizer: "És mesmo uma "Marie-couche-toi-là"! É uma forma alegre de reconhecer a abertura de espírito de alguém.

LE CHEMIN BOUEUX

Definição :

O termo "chemin boueux" é utilizado para se referir ao ânus. É utilizado num contexto pouco usual e é retirado da gíria francesa. É um termo decididamente vulgar e humorístico que associa a ideia de um caminho coberto de lama com a parte do corpo frequentemente considerada menos glamorosa.

Em que situação?

É preciso ter cuidado com quem se utiliza este termo. Não é adequado para toda a gente. Uma noite de bebedeira com amigos é o cenário ideal. Imagine que o seu amigo, depois de algumas bebidas, diz: "Bem, eu prefiro um "chemin boueux" a uma autoestrada movimentada!" As gargalhadas irrompem de toda a sala. Acompanhadas de olhares de conhecimento e movimentos de cabeça.

"Chemin boueux" é um termo que deve ser usado com uma cautela divertida. É uma forma de descrever o indescritível com um toque de ligeireza e escárnio.

BAGNOLE

Definição :

Expressão simples e informal utilizada para descrever um automóvel. O termo, muitas vezes tingido com um toque de familiaridade, tem as suas raízes na linguagem popular. Evoca uma abordagem mais descontraída e, por vezes, até afectuosa dos veículos. Acrescenta uma dimensão descontraída e amigável.

Em que situação?

É nas situações quotidianas, em que a vida parece abrandar na autoestrada do tédio, que a palavra "bagnole" se impõe. Transforma um simples carro num companheiro de viagem, com todas as suas peculiaridades e caprichos. "O meu bagnole" decidiu fazer-me uma pausa esta manhã, como se tivesse decidido dormir até tarde", comenta um colega que chega atrasado ao trabalho.

A palavra "bagnole" entra na conversa de uma forma pouco usual, como se fosse a estrela involuntária de um espetáculo de comédia improvisado.

TACOT

Definição :

Este termo refere-se carinhosamente a um carro antigo, com uma mecânica duvidosa. Não deve ser confundido com o termo "bagnole", que não descreve exatamente a mesma coisa. Um "tacot" evoca a imagem de um veículo em mau estado, que já viu melhores dias. É carregado de afeto, nostalgia e escárnio.

Em que situação?

Imagine que está preso num engarrafamento interminável sob o sol quente e que, de repente, um "tacot" multicolorido e barulhento abre caminho no meio do trânsito com uma buzina hesitante... Sem pestanejar, um amigo no seu carro salta: "Olha para aquele magnífico "tacot"! Parece que sobreviveu à Segunda Guerra Mundial!". Os passageiros desatam a rir e o ambiente no carro reaviva-se de vez. É nestas alturas que a palavra "tacot" (calhambeque) se torna a arma secreta que permite reavivar o ambiente durante um engarrafamento cansativo.

TAPE-CUL

Definição :

O termo "tape-cul" designa um automóvel de conforto duvidoso, cuja transmissão é tão rígida que transmite todas as imperfeições da estrada diretamente aos ocupantes. É frequentemente associado ao termo "tacot". Com um toque de humor e de ligeira troça, sugere uma experiência de condução acidentada e desagradável.

Em que situação?

Imagine-se numa estrada rural mal conservada, numa velha carrinha que parece ter esquecido o conceito de suspensão. Cada pedra na estrada parece um terramoto em miniatura, transformando a viagem numa verdadeira pista de combate e fazendo doer os "miches". "Este carro é mesmo um "tape-cul" ambulante! Parece que os engenheiros decidiram instalar pogo sticks debaixo dos bancos! " Utilizar esta palavra é reconhecer a natureza deliciosamente desconfortável da situação, acrescentando-lhe uma dose de humor.

FEMELLE

Definição :

"Femelle" é um termo utilizado para designar o sexo feminino de um ser vivo (humano ou animal). A sua utilização pode variar em termos de tom e conotação, oscilando entre uma descrição neutra e biológica e uma caraterização mais animal e até pejorativa quando aplicada às mulheres.

Em que situação?

Esta palavra está cheia de significado e deve ser utilizada com cuidado. Utilizada de forma distanciada e científica, pode simplesmente descrever o género sem qualquer conotação particular. Mas num contexto social, a sua utilização pode tornar-se um campo minado semântico. Imagine que está a participar num serão social com colegas e que, de repente, o palhaço do escritório se descontrai um pouco demais: "Ah, a "femelle" está atrasada". A sala, cheia de risos e discussões animadas, torna-se subitamente gelada.

Não é necessário entrar em demasiados pormenores. É essencial manobrar com cautela quando se utiliza este termo.

CHICOT

Definição :

Esta palavra é utilizada para descrever um dente num contexto humorístico ou coloquial. Tem uma conotação peculiar e é frequentemente utilizada para se referir a dentes problemáticos ou simplesmente para gozar com alguém de uma forma amigável.

Em que situação?

Imaginemos uma noite descontraída com amigos, em que todos partilham histórias da semana. Um deles, com um sorriso malicioso, diz: "Não vais acreditar no que me aconteceu, tive de ir ao dentista por causa de um "chicot" teimoso! A sala explode em gargalhadas. De facto, ele conseguiu transformar um incidente potencialmente embaraçoso numa anedota hilariante.

Se um colega chega tarde ao escritório a queixar-se de uma dor de dentes, alguém pode piscar o olho e dizer: "Ah, os teus "chicots" estão a pregar-te partidas, não estão?" Isto cria um ambiente descontraído de partilha.

BINOUSE

Definição :

"Binouse" é uma expressão informal e coloquial utilizada para descrever cerveja (lager, cerveja escura, etc.). O termo é frequentemente utilizado entre amigos. Dá um toque de simpatia à degustação desta bebida espumante cheia de história.

Em que situação?

Imagine-se num bar animado no centro da cidade, com amigos e uma sede contagiante. "Quem está pronto para uma boa "binouse"?" diz o maestro da noite, brandindo o seu copo com um entusiasmo contagiante. Os copos tilintam num coro melodioso de "Cheers, but no feet!" e "Here's to you, Etienne" (expressão francesa)! O ambiente passa instantaneamente de uma "conversa educada entre amigos" para uma "festa espontânea entre irmãos". É neste tipo de ambiente que a palavra "binouse" é melhor inserida e utilizada.

NOUBA

Definição :

Uma forma animada e jovial de descrever uma festa. Esta contração de "nuit blanche" (noite sem dormir) evoca a ideia de uma celebração nocturna marcada pela música, pela dança e por um ambiente festivo. A utilização desta palavra transmite uma energia positiva, simbolizando um momento de alegria e de riso.

Em que situação?

Mergulhados numa refeição familiar, o tio fixe da família, depois de algumas bebidas, atreve-se a fazer um convite ao qual é quase impossível dizer não: "Ei, vamos fazer a nouba depois". Momentos como este ficam-nos para sempre. As melhores "noubas" são lançadas pelo tio engraçado da família. Por isso, torna-te nesse tio.

Na manhã seguinte, ao acordar, os rostos cansados são o testemunho da "nouba" do dia anterior. "Foi uma verdadeira nouba, não foi?", comenta alguém enquanto bebe o seu café, recordando os momentos de dança frenética e de riso incontrolável.

BLÉ

Definição :

Muito comum na gíria, o termo "blé" (trigo) é utilizado como um substituto colorido e solarengo do dinheiro. Esta expressão, imbuída da rica metáfora dos campos de trigo dourado, evoca uma ideia de prosperidade financeira.

Em que situação?

Agora imagine que está com um grupo de amigos e que a conversa é sobre finanças. De repente, alguém pergunta: "Como é que está a correr o "blé"? Imediatamente, todos sorriem e a conversa torna-se mais descontraída. Responde: "Bem, o blé está a crescer bem este ano e a colheita é abundante!

Mas este termo tem outro poder. Introduz um toque de mistério. "Vamos encontrar-nos esta noite, para falar do blé e dos planos para o futuro", diz um amigo. A utilização desta palavra faz com que a conversa passe do vulgar para uma espécie de conspiração financeira.

SMICARD

Definição :

Este termo vem da linguagem da gíria e refere-se a alguém que recebe o Salário Mínimo Interprofissional de Crescimento (SMIC). Esta palavra, que tem uma conotação económica, é mais frequentemente utilizada com um espírito de camaradagem, de auto-brincadeira ou mesmo para gozar com quem recebe este salário mínimo.

Em que situação?

Mais uma vez, imagine-se num bar com amigos, um lugar amigável e festivo. Todos partilham as suas novidades profissionais, porque já há muito tempo que não se viam. Quando a conversa se desvia um pouco, um dos seus amigos bebe um gole da sua bebida e brinca: "Bem, sou oficialmente um "smicard" com aspirações bilionárias". Há muitas gargalhadas e, de repente, as pressões financeiras da vida quotidiana tornam-se uma anedota partilhada.

BIDE

Definição :

O "bide", termo coloquial e descontraído, designa simplesmente a barriga. É uma expressão popular que se refere a esta zona, muitas vezes sujeita a variações de tamanho consoante as experiências culinárias e os hábitos de vida ("binouse" pode acentuar o seu aspeto). Esta palavra ilustra o lado saltitante de uma barriga.

Em que situação?

Geralmente usamos este termo com pessoas que conhecemos bem, amigos ou familiares. "Acho que hoje preenchi bem a minha "bide", é oficial, estou em modo sesta!". É aqui que a palavra "bide" brilha. Encaixa-se naturalmente em momentos de descontração, realçando o lado humano das nossas experiências corporais.

O termo também pode ser utilizado para fazer troça de si próprio: "O meu "bide" foi hoje de férias para a praia, já não me consigo mexer", diz um colega durante a pausa para almoço no refeitório.

BECANNE

Definição :

A "bécanne" é uma expressão informal e popular para designar uma mota. O termo está imbuído do espírito rebelde e da cultura do motociclismo e é muitas vezes utilizado de forma afectuosa ou simplesmente para descrever uma moto. Teve origem na cultura do motociclismo, onde os entusiastas adoptaram o termo coloquial.

Em que situação?

Imagine-se na esplanada de um café, com o sol a brilhar, o asfalto quente e o rugido caraterístico de um motor a aproximar-se. De repente, chega um grupo de motards com as suas "bécannes", cromados reluzentes e couros deslumbrantes. Ouve-se um deles dizer, num tom quase amoroso: "A minha "bécane" é a minha liberdade sobre duas rodas".

Deixa-se seduzir por este ambiente de paixão e de fraternidade e decide juntar-se a este grupo que vive à margem da sociedade. Tal é o poder desta palavra.

BOUGRE

Definição :

É uma expressão antiga e intrigante, geralmente utilizada para se referir a uma pessoa, por vezes de forma ligeiramente depreciativa. As suas origens remontam à época medieval, quando pode ter tido uma conotação sexual. Atualmente, é utilizada como um termo mais ligeiro para descrever alguém como maroto ou surpreendente.

Em que situação?

Nas noites sociais, as conversas são muitas vezes monótonas e centram-se no tempo e nos últimos mexericos. Mostre a sua excentricidade, destaque-se da multidão. "Este tipo é um "bougre", conseguiu arranjar o meu velho bum-slapper com um pouco de fita-cola e alguns pregos!" Era o momento ideal para utilizar este termo.

Combina bem com situações inesperadas, trazendo um toque de humor subtil e leveza a momentos que, de outra forma, poderiam carecer de sabor.

GONZ

Definição:

Termo utilizado casualmente para se referir a um homem. É a forma masculina de "gonzesse". Dá um certo toque de simpatia e de ligeireza à forma como nos referimos aos homens. Evoca muitas vezes um companheiro.

Em que situação?

Imagine uma saída à noite com os seus amigos, cada um a falar das suas últimas aventuras ou desventuras. Um deles, olhando de relance para o seu amigo, pode dizer com um sorriso malicioso "Ei "gonz", não te esqueceste de pagar a última rodada, pois não?" A palavra "gonz" surge aqui como uma forma divertida e camarada de se referir ao seu amigo, sublinhando a ligação entre eles sem sacrificar a descontração do momento.

ROUPILLER

Definição :

É um termo algo humorístico que significa simplesmente dormir ou fazer uma sesta. É mais frequentemente utilizado para designar um sono curto e repousante, como uma sesta. Dá um toque de leveza à descrição do sono. "Roupiller" oferece uma alternativa lúdica e familiar para expressar a ação de descansar.

Em que situação?

Imagine uma tarde preguiçosa de domingo. O tempo está sombrio, as persianas estão meio fechadas e o sofá parece o sítio ideal para um pouco de "roupillage". Está a ver um reality show com um olho meio fechado quando o seu colega de casa entra, surpreendendo-o num estado semi-comatoso. E diz, em tom de provocação: "Bem, parece que alguém está a ser "roupille" com força aqui!" Solta um grunhido suave, confirmando que o termo descreve perfeitamente o seu estado de sono.

CASSE-BURNES

Definição :

A expressão "casse-burnes" é uma forma colorida e coloquial de descrever uma pessoa ou situação incómoda ou irritante. O termo, embora ligeiramente vulgar, capta a ideia de que algo ou alguém pode literalmente "quebrar" a paciência ou o entusiasmo de uma pessoa, evocando um sentimento de frustração.

Em que situação?

Imagine que está preso numa longa fila do supermercado e, de repente, uma senhora idosa à sua frente decide pagar em cêntimos. Pode soltar um suspiro exasperado e dizer ao seu amigo que o acompanha: "Isto é uma situação de "casse-burnes", não é? A palavra "casse-burnes" surge como um desabafo, uma forma de exprimir o seu aborrecimento de forma humorística.

CHAROGNE

Definição :

O termo evoca uma imagem crua e inconfundível: o cadáver em decomposição de um animal. Esta expressão, com a sua brutalidade quase poética, é frequentemente utilizada para descrever algo decrépito, repulsivo ou corrupto. Há uma ideia de putrefação.

Em que situação?

Imagine uma noite aborrecida, em que as conversas se arrastam e os convidados estão à beira de se afundarem num estado catatónico. É nessa altura que a nossa palavra, "charogne", faz a sua entrada triunfal. Quando alguém repara no prato de fruta moribunda que está em cima da mesa, pode exclamar com um sorriso malicioso: "Parece o charogne da festa, mal tocado!" O riso irrompe e, de repente, a tristeza evapora-se como que por magia.

A palavra "charogne" também pode ser utilizada para descrever situações políticas ou sociais delicadas. "A política do escritório é um verdadeiro "charogne" neste momento! "

CHTARBÉ

Definição :

A palavra "chtarbé" vem da gíria e é utilizada para definir alguém que é um pouco excêntrico, ou mesmo um pouco louco. É uma forma informal de descrever alguém que está fora das normas sociais ou que se comporta de uma forma invulgar, ou simplesmente que tem uma abordagem não convencional da vida.

Em que situação?

Imagine uma reunião social em que todos se comportam com requintada cortesia. De repente, entra uma pessoa vestida de forma invulgar e eclética, com o cabelo desarrumado e um sorriso deslumbrante no rosto. "Ora, se não é o "chtarbé" local!", exclama alguém, quebrando a monotonia da conversa formal. O termo "chtarbé" funciona aqui como uma válvula de escape social, permitindo que todos relaxem um pouco e apreciem a singularidade deste indivíduo.

CLAMPIN

Definição :

"Clampin" é um termo informal usado para descrever alguém que é um pouco simples, até mesmo desajeitado, com um lado ligeiramente estranho. É um termo tingido de uma certa benevolência, descrito sem qualquer intenção maliciosa.

Em que situação?

Imaginem uma noite glamorosa em que a elegância está na ordem do dia, mas depois o nosso "clampin" favorito faz uma grande entrada. Tropeçou ligeiramente na passadeira vermelha, fazendo voar uma taça de champanhe ao tentar uma acrobacia desajeitada. Toda a gente olha para ele, esperando curiosamente pelo seu próximo truque não intencional.

É aí que entra a nossa palavra: "Bem, ele conseguiu mesmo criar o ambiente, aquele "clampin"!", diz alguém com um sorriso. A tensão superficial da noite é quebrada, as gargalhadas irrompem e, de repente, o "clampin" torna-se o herói involuntário da noite.

CUL TERREUX

Definição :

Este é um termo bastante cómico utilizado para descrever alguém que é bastante rústico, até mesmo primitivo no seu comportamento ou aparência. Refere-se a uma pessoa que está firmemente enraizada na terra, na sua simplicidade. Um "cul terreux" é muitas vezes deliberadamente pouco sofisticado.

Em que situação?

Vai a uma festa, rodeado de pessoas da classe alta, e apresenta-se no seu melhor. De repente, entra na sala uma pessoa com um ar descontraído, talvez manchada de terra depois de um dia de jardinagem. Os olhos altivos voltam-se para ele e, nesse momento, com um olhar e um sorriso conhecedores, ouve-se um murmúrio: "Ora aqui está um verdadeiro "cul-terreux" no meio de toda esta elegância".

A utilização desta palavra é como uma lufada de ar num mundo de falsas aparências. A pessoa visada torna-se o herói da noite, que não se curva ao conformismo ditado pela alta sociedade. Manteve-se fiel a si próprio.

MÔME

Definição :

É uma expressão carinhosa, comovente e familiar para uma criança. De origem popular, evoca uma ternura espontânea e uma familiaridade calorosa para com os jovens. A palavra encarna um afeto com um toque de nostalgia e faz parte do folclore linguístico francês.

Em que situação?

Está a meio de uma festa pós-trabalho com colegas de trabalho. Depois de algumas bebidas, o ambiente torna-se cada vez mais descontraído e todos acabam por se sentir em casa. É nessa altura que o poder da palavra "môme" entra em ação. "Ei "mômes", onde é que vamos a seguir? "Sentem as memórias de infância a voltar? Eu sinto.

Este convite, surgido do nada, evoca a inocência da infância, o espírito travesso da noite que se avizinhava, os momentos da vida em que não temíamos o amanhã, estendíamos os braços para ele.

MIOCHE

Definição :

Não confundir com "môme". Apesar de significarem a mesma coisa, o termo "mioche" é utilizado de forma coloquial e um pouco maliciosa para se referir a uma criança. É frequentemente utilizado para se referir a uma criança de uma forma provocadora ou negativa.

Em que situação?

Imagine que está numa animada reunião familiar, os adultos estão a conversar e, de repente, um pequeno tornado irrompe pela sala, gritando "É meu! Um tio traquina diz: "Olha o pequeno "mioche" em ação", provocando gargalhadas e sorrisos de conhecimento.

"Mioche" torna-se então a palavra mágica que transforma uma simples criança numa pequena bola de energia cheia de personalidade.

PETCHO

Definição :

"Petcho" é um termo carinhoso e descontraído para uma criança. Esta expressão, cheia de ternura, evoca a imagem de um pequeno ser travesso e alegre. Também pode ser usado como "môme".

Em que situação?

Imagine um animado piquenique em família. Os adultos estão a conversar em voz alta sobre as últimas notícias, enquanto as crianças correm alegremente, à procura de aventura em cada canto. De repente, uma avó simpática observa o seu neto a apanhar pedras com um entusiasmo desenfreado. Ela vira-se para os outros adultos com um sorriso carinhoso e diz: "Olhem para o nosso "petcho" ali, ele encontrou um tesouro!"
Esta palavra encaixa-se perfeitamente nestes momentos íntimos e afectuosos, onde a leveza domina.

ENFLURE

Definição :

Trata-se de uma expressão coloquial utilizada para descrever alguém que é considerado desonesto, hipócrita ou simplesmente detestável. É uma forma colorida e direta de descrever alguém cujo comportamento suscita desprezo. Embora a palavra tenha uma conotação negativa, é frequentemente utilizada de forma ligeiramente humorística.

Em que situação?

É uma expressão que pode provocar um arrepio frio na espinha quando a usamos. É preciso ter cuidado!

Por exemplo, numa reunião social, onde impera a hipocrisia e os sorrisos falsos. Um indivíduo conhecido pela sua duplicidade e talento para semear a discórdia aproxima-se com um sorriso excessivo. Um convidado, que já não consegue conter a sua irritação, sussurra para o vizinho: "Aquele "enflure" está a tentar ser simpático outra vez! "

O termo traz um toque de realismo cru a uma situação muitas vezes tingida de hipocrisia.

JACTER

Definição :

"Jacter" é uma expressão de gíria que significa "falar" ou "discutir". É um termo com um toque de vivacidade e leveza, frequentemente utilizado para descrever um discurso enérgico, por vezes excessivamente exuberante, ou simplesmente uma conversa animada.

Em que situação?

Imagine uma noite com amigos, em que todos partilham as suas anedotas quotidianas. De repente, Marc, o eterno contador de histórias, lança-se numa colorida tirada sobre a sua última aventura. "Não vão acreditar no que me aconteceu ontem", exclama. "Consegui convencer o homem das pizzas a fazer-me um desconto só por "jacter" de como o molho de tomate dele era bom! "

Esta é a palavra perfeita para descrever a arte de Marc, pois ele transforma cada história numa epopeia cativante. Acrescenta um toque de auto-ironia.

FAIRE DODO

Definição :

"faire dodo" é uma expressão informal e coloquial que significa simplesmente dormir, fazer uma sesta ou ter um sono leve. O termo, imbuído de leveza e por vezes com um toque de humor, é frequentemente utilizado para descrever um descanso profundo e confortável, em que o sono chega sem aviso.

Em que situação?

Imagine uma tarde de inverno ao fim de semana, quando todos se sentem um pouco cansados. Um grupo de velhos amigos, agora avós, decide reunir-se num café para um brunch descontraído. As conversas alongam-se, os bocejos multiplicam-se e, de repente, alguém exclama com um sorriso malicioso: "Vou "faire dodo" para aquele sofá, parece-me ser o melhor plano do dia!"

A utilização deste termo acrescenta sempre um importante toque de humor e de benevolência ao ato de fazer uma sesta ou a um merecido momento de dodó.

GLANDU

Definição :

É uma expressão coloquial utilizada para descrever alguém que é preguiçoso, indolente ou simplesmente desmotivado. Faz parte do registo informal da língua, evocando uma atitude relaxada ou mesmo indiferente em relação à tomada de decisões ou mesmo de responsabilidades.

Em que situação?

Imaginem uma reunião de família em que, em vez de falarem das últimas notícias ou dos planos de cada um, uma tia excêntrica aponta para o primo Étienne, caído no sofá, e exclama: "Ah, aquele "glandu", ainda não arranjou um emprego a sério!" As gargalhadas irrompem e Étienne, despreocupado, levanta uma sobrancelha em sinal de reconhecimento, quase orgulhoso do seu estatuto de "glandu" confirmado.

A palavra "glandu" entra na conversa com um toque de brincadeira, muitas vezes entre amigos próximos ou familiares que não hesitam em gozar uns com os outros.

GODICHE

Definição :

"Godiche" é uma expressão coloquial usada para descrever alguém que é desajeitado, desajeitado ou sem elegância. O termo, tingido com um toque de zombaria benevolente, evoca um desajeitamento por vezes encantador, mas também pode apontar para uma falta de facilidade social.

Em que situação?

Imaginemos uma reunião social em que todos os convidados passeiam com uma elegância inigualável. De repente, a nossa protagonista entra em cena, um pouco "godiche", tropeçando ligeiramente e entornando desajeitadamente uma garrafa de champanhe no buffet. Em vez de atrair olhares críticos, a sua entrada inábil torna-se o momento memorável da noite.

Num contexto mais quotidiano, quando um colega deixa cair desajeitadamente a sua caneta durante uma reunião, alguém pode brincar: "Bem, isso foi uma entrada um pouco "godiche", não foi?" O humor por detrás do termo atenua o incómodo.

GOGOLLE

Definição :

"Gogolle" é uma expressão de calão utilizada para descrever alguém que é um pouco excêntrico, ingénuo ou mesmo um pouco exagerado no seu comportamento. Trata-se de um termo muitas vezes matizado de leviandade, que sublinha uma atitude alegremente excêntrica. Também pode ser utilizado para ilustrar uma crítica dura.

Em que situação?

Vejamos um exemplo: um colega que conta histórias incríveis das suas aventuras de fim de semana, talvez um pouco exageradas. "Deviam ouvir o François, ele está mesmo no seu elemento a tocar o "gogolle" aventureiro!" As gargalhadas irrompem, mas ninguém se ofende. O termo "gogolle" torna-se uma forma lúdica de reconhecer a singularidade de cada um, celebrando as diferenças sem julgamentos.

GOURDE

Definição :

"Gourde" é um termo informal utilizado para descrever alguém que se pensa ser irrefletido, desajeitado ou um pouco tonto. É uma expressão que muitas vezes tem uma conotação humorística, mas também pode ter uma conotação negativa, realçando os momentos em que alguém é desastrado.

Em que situação?

Imagine uma noite com amigos em que todos partilham histórias da semana. A Marie, com a cabeça nas nuvens, começa com a sua história habitual. "Fui às compras e adivinha? Esqueci-me do cesto e estava a carregar tudo nos braços. Claro que deixei cair tudo no corredor dos cereais. Sou mesmo uma "gourde"! Houve muitas gargalhadas, mas ninguém a julgou verdadeiramente. Pelo contrário, o termo "gourde" é utilizado com afeto.

Noutros casos, pode ter uma conotação muito mais negativa. Por isso, nunca deve ser utilizado num contexto sério ou familiar.

GROGNASSE

Definição :

O termo "grognasse" é uma expressão coloquial e ligeiramente atrevida utilizada para se referir informalmente a uma mulher, muitas vezes com um tom pejorativo. A expressão evoluiu na linguagem quotidiana, adoptando uma conotação ligeiramente zombeteira.

Em que situação?

É nestes momentos de descontração, entre amigos íntimos, que "grognasse" encontra o seu lugar. Não se trata de uma maldade profunda, mas sim de uma forma maliciosa de descrever alguém que por vezes pode incomodar. "Oh, a "grognasse" da porta ao lado que deixa sempre a música demasiado alta!" exclama alguém, provocando uma gargalhada consciente. É uma palavra que se insinua nas conversas, acrescentando um toque de irreverência sem passar a linha da vulgaridade.

Claro que o seu uso deve ser reservado para círculos onde a intimidade permite este tipo de provocação sem criar desconforto.

GUEULE DE MERLAN FRIT

Definição :

Esta é uma metáfora colorida e humorística utilizada para descrever um rosto que mostra uma mistura de surpresa, perplexidade e espanto. Evoca a ideia de uma expressão facial congelada e algo cómica, semelhante à de um badejo frito apanhado desprevenido.

Em que situação?

Foi convidado para uma reunião de equipa surpresa numa segunda-feira de manhã, sem qualquer aviso. Entra na sala de reuniões, esperando encontrar o café que vai salvar o dia, mas em vez disso, uma avalanche de novos procedimentos e gráficos complexos passa por si. Olhamos para o nosso colega de trabalho e lá está a "gueule de merlan frit". Sobrancelhas levantadas, olhos arregalados, uma expressão que grita confusão e descrença.

É o momento perfeito para dizer: "Bem, parece que alguém tem uma "gueule de merlan frit" esta manhã!" Instantaneamente, a sala começa a rir-se e a tensão dissipa-se.

GUEUX

Definição :

Termo associado ao período medieval, descreve pessoas indigentes, pertencentes à classe social mais baixa. Tem, portanto, uma conotação histórica. Os "gueux" eram pessoas à margem da sociedade, muitas vezes indigentes e relegadas para o submundo. A palavra conserva um certo peso histórico.

Em que situação?

Num contexto contemporâneo, "gueux" pode ser utilizado com um toque de ironia para descrever aqueles que adoptam um estilo de vida alternativo, desafiando as normas sociais. "Os "gueux" da porta ao lado organizam festas underground muito originais", diz um hipster a bebericar o seu café biológico. Utilizada de forma lúdica, a palavra pode realçar o absurdo das hierarquias sociais e das normas de comportamento.

LECHE-CUL

Definição :

O termo "lèche-cul" é uma expressão metafórica utilizada para descrever uma pessoa que procura obter o favor de uma autoridade através de uma lisonja exagerada e servil. É uma metáfora visual para o comportamento de alguém que está metaforicamente a limpar ou a dar graxa a outra pessoa.

Em que situação?

Imaginemos uma reunião de trabalho em que o chefe acaba de apresentar uma ideia que, francamente, parece tão lógica como um guarda-chuva no duche. De repente, o colega do fundo, conhecido por todos pela sua propensão para lisonjear escandalosamente, exclama: "Chefe, esta ideia é simplesmente brilhante, a melhor que já ouvi! É realmente o génio incompreendido do nosso tempo!" Os olhos reviram-se, os suspiros aumentam, mas o "lèche-cul" persiste.

Provavelmente, já presenciou este tipo de cena na aula. É nessa altura que todo o potencial do "lèche-cul" é revelado.

MAL BAISE

Definição :

"Mal baisé" é uma expressão de gíria utilizada para descrever alguém que parece estar frustrado ou insatisfeito no dia a dia. O termo, frequentemente utilizado de forma humorística, sugere tensão ou aborrecimento ligado à vida íntima da pessoa em questão.

Em que situação?

O termo oferece uma forma descontraída de discutir os altos e baixos da vida amorosa sem se tornar demasiado sério. Um amigo pode dizer: "Oh, não sejas "mal baisé", tudo se vai resolver", enquanto bate no ombro da pessoa que se queixa, quer seja por uma boa razão ou não.

O termo torna-se assim uma ferramenta humorística para minimizar as frustrações românticas e reforçar os laços entre amigos.

Também pode ser utilizado para insultar a pessoa. Certifique-se de que conhece a pessoa e o seu nível de aceitação.

BARAQUE

Definição :

Um "baraque" é uma expressão coloquial utilizada para designar uma casa ou um apartamento. Este termo simples evoca frequentemente um alojamento modesto, mas também pode ser utilizado para designar residências mais imponentes.

Em que situação?

Imagine-se a discutir o novo apartamento do seu amigo, que é maior do que a média mas ainda não atingiu proporções de castelo. Esta é a altura ideal para fazer um comentário do género: "Ei, ouvi dizer que tens uma casa nova! É uma "baraque" ou apenas um palácio suburbano?" Todos se riem e o seu amigo, em vez de se sentir embaraçado com o termo "baraque", junta-se à brincadeira.

LA DALLE

Definição :

"La dalle" é um estado de espírito, uma busca insaciável por comida que transcende os limites da fome comum. A laje é quando o seu estômago se torna dono do seu destino, enviando pedidos de socorro ao seu cérebro, levando-o a procurar freneticamente algo delicioso para devorar.

Em que situação?

Imagine-se numa festa animada, rodeado de amigos e risos. De repente, uma fragrância sedutora paira no ar, envolvendo-o num abraço gourmet. É então que o "dalle" se apodera de si. Abandona toda a conversa e segue o aroma tentador até um buffet aberto. Torna-se um intrépido explorador em busca do seu tesouro gastronómico. A "dalle" também se manifesta quando nos encontramos diante de uma vitrina de pastelaria a transbordar de delícias doces.

MORUE

Definição :

O "morue", muito para além do seu estatuto de peixe de mar frio, é frequentemente invocado na linguagem quotidiana para se referir a muito mais do que uma simples criatura marinha. Quando falamos de alguém usando o termo "morue", não estamos simplesmente a referir-nos aos seus hábitos alimentares, mas sim a traços de carácter específicos.

Em que situação?

Imaginemos um cenário de escritório onde encontramos o típico "morue". Este é o colega que parece estar sempre a entrar no seu espaço de trabalho, fazendo perguntas inesperadas ou oferecendo conselhos não solicitados. Pode também ser aquele que monopoliza a máquina de café, transformando uma simples pausa numa sessão de monólogos intermináveis. Neste contexto, utilizar o termo "morue" torna-se uma forma subtil de partilhar as suas frustrações sem ter de ser explicitamente desagradável.

NABOT

Definição :

O termo "nabot" não é simplesmente uma questão de estatura física, mas evoca uma pessoa de pequena estatura de uma forma algo provocadora. Muito para além de uma simples descrição física, a palavra "nabot" tem muitas vezes uma conotação amigável ou brincalhona, realçando a pequena estatura de uma pessoa de uma forma leve e muitas vezes afectuosa.

Em que situação?

Imaginem uma reunião social em que um amigo chega com um grupo imponente de pessoas. É nessa altura que o termo "nabot" pode entrar em jogo, não para denegrir, mas para realçar com afeto a diferença de tamanho. Por exemplo, ao apresentar o recém-chegado, pode dizer-se algo como: "Este é o João, o "nabot" da nossa equipa, mas atenção, ele tem um carisma que é tudo menos pequeno!" Isto cria uma atmosfera descontraída e divertida, ao mesmo tempo que abraça a singularidade da pessoa.

NIGAUD

Definição :

A palavra "nigaud" não se limita a descrever alguém como ingénuo ou crédulo, evoca uma certa ingenuidade tingida de uma inocência quase infantil. É uma palavra que carrega uma conotação de bondade, sugerindo uma ausência de malícia e não uma verdadeira tolice.

Em que situação?

Imaginemos uma cena em que um amigo conta uma história fantástica sobre a captura de um arco-íris no seu jardim. Em vez de revelar imediatamente a natureza fictícia da história, podemos sorrir e dizer com simpatia: "Ah, és mesmo um "nigaud", mas sabes como tornar a vida mais colorida com os teus contos fantásticos!" É uma forma leve de exprimir divertimento perante a imaginação transbordante do amigo, sublinhando ao mesmo tempo a pureza do seu espírito.

CAMBROUSSE

Definição :

A "cambrousse" é mais do que uma localização geográfica. É muito mais do que uma zona rural remota. A palavra evoca uma atmosfera, um modo de vida simples, longe da agitação da cidade. A cambrousse encarna a autenticidade rústica, um canto do campo onde o tempo parece abrandar, onde a beleza se encontra na simplicidade dos campos e nos horizontes sem fim.

Em que situação?

Num contexto humorístico, "cambrousse" pode ser utilizado para descrever acontecimentos ou situações que parecem estar fora do alcance da modernidade. Por exemplo, se alguém contar uma experiência surpreendentemente rudimentar, como uma noite à luz de velas sem eletricidade, um amigo pode exclamar com divertimento: "Ah, a versão "cambrousse" da vida!"

PATATE

Definição :

Na linguagem coloquial, o termo "patate" (batata) não se limita ao seu significado alimentar. É utilizado de uma forma mais musculada para descrever um murro, geralmente de forma casual e sem agressividade extrema. Um "patate" é um gesto impulsivo, por vezes utilizado para ilustrar um golpe súbito e poderoso, frequentemente em situações informais.

Em que situação?

Imaginemos uma discussão animada entre amigos em que as piadas estão à solta. De repente, alguém lança uma piada particularmente provocadora e, numa explosão de camaradagem, outro pode responder dizendo: "Estás a tentar gozar comigo, não estás? Espera aí, vou dar-te um "patate" para te pôr no teu lugar". É uma forma lúdica de canalizar a energia sem criar tensão, sublinhando a cumplicidade entre os participantes.

O termo "patate" também pode ser utilizado para designar um murro em situações mais cómicas.

PLOUC

Definição :

O termo "plouc" é uma expressão coloquial utilizada para descrever, por vezes de forma provocadora, uma pessoa considerada rústica, pouco sofisticada ou provinciana. É uma forma informal de se referir a um estilo de vida ou a gostos considerados simples ou mesmo antiquados, muitas vezes com um ligeiro toque de troça.

Em que situação?

Imagine uma festa num bairro da moda em que alguém chega vestido de forma casual, com um gosto musical considerado tradicional. Um amigo pode brincar: "Parece que hoje temos um "plouc" na nossa festa! Pronto para dar um toque rural ao nosso mundo urbano". Esta é muitas vezes uma forma amigável de apontar diferenças de gosto, sem intenção de ofender.

O termo "plouc" também pode ser utilizado de forma mais geral para descrever um comportamento ou um estilo de vida que não se enquadra nas normas mais modernas ou urbanas.

TOUBIB

Definição :

O termo "toubib" é uma expressão coloquial utilizada para se referir a um médico ou profissional de saúde de uma forma descontraída e muitas vezes afectuosa. É uma palavra com um tom informal que enfatiza a acessibilidade e a proximidade do profissional de saúde, muitas vezes entendida como um termo amigável.

Em que situação?

Imagine uma conversa entre amigos sobre problemas de saúde. Um deles pode dizer: "Estou com uma constipação persistente, marquei uma consulta com o "toubib" para ver o que ele acha". A utilização da palavra "toubib" neste contexto torna a situação mais descontraída e, por vezes, reduz o aspeto formal frequentemente associado ao mundo médico.

A palavra "toubib" também pode ser usada num contexto mais amplo para se referir a um médico de uma forma informal.

LOUSTIC

Definição :

"Loustic" é uma expressão coloquial amigável utilizada para descrever alguém que é travesso, animado e muitas vezes propenso a pregar partidas. É uma forma leve e positiva de descrever alguém que gosta de brincar, contar anedotas ou criar uma atmosfera divertida à sua volta.

Em que situação?

Imagine um grupo de amigos que se junta para uma noite animada. A pessoa que está sempre a dizer piadas pode ser descrita como "o "loustic" do grupo". É a pessoa que traz alegria e humor a cada reunião, criando um ambiente descontraído e divertido.

O termo "loustic" também pode ser utilizado num contexto mais amplo para descrever crianças cheias de energia e travessuras.

POGNON

Definição :

O termo "pognon" é uma expressão coloquial francesa utilizada para se referir ao dinheiro, muitas vezes de uma forma descontraída. É uma palavra que pode ser utilizada na vida quotidiana para falar de dinheiro de forma informal e sem demasiada formalidade.

Em que situação?

Imagine uma conversa entre amigos sobre os seus planos de férias. Alguém pode dizer: "De momento, não tenho "pognon" suficiente para ir para o estrangeiro, mas estou à procura de opções económicas". A utilização da palavra "pognon" neste contexto torna a conversa mais descontraída, afastando-se da linguagem financeira mais formal.

A palavra "pognon" também pode ser utilizada para expressar uma preocupação financeira de uma forma informal.

DECONNER

Definição :

O verbo "déconner" é uma expressão familiar francesa que significa gracejar, ter sentido de humor ou agir de forma descontraída. É uma forma informal de se referir a uma atitude ligeira e descontraída, frequentemente associada a divertimento e camaradagem.

Em que situação?

Imagine uma noite com amigos em que o ambiente é descontraído e jovial. Alguém poderia dizer: "Estamos aqui para descontrair, não é? Sem stress, só diversão e riso". Aqui, "deconner" é utilizado para encorajar um ambiente descontraído, onde as pessoas se podem divertir sem se tornarem demasiado sérias.

Também pode ser utilizado para descrever comentários humorísticos ou comportamentos ligeiros.

BIDULE

Definição :

A palavra "bidule" é um termo informal usado em francês para designar algo cujo nome específico não é conhecido ou lembrado. É uma palavra polivalente que substitui frequentemente um objeto ou uma pessoa de forma casual.

Em que situação?

Imagine uma conversa em que alguém está a tentar recordar o nome de um determinado objeto. Pode dizer-se: "Sabes, o "bidule", que usamos para abrir latas". Neste contexto, "bidule" é utilizado como um substituto informal até que o termo exato seja lembrado.

A palavra "bidule" também é usada de forma divertida para se referir a pessoas cujos nomes não se sabe ou não se consegue lembrar.

ZIGOTO

Definição :

A palavra "zigoto" é uma expressão coloquial francesa popular utilizada para descrever uma pessoa excêntrica, exuberante ou mesmo ligeiramente ridícula de uma forma divertida. É um termo afetuoso que tem frequentemente uma conotação de leveza e jovialidade.

Em que situação?

O "zigoto" entra naturalmente nos momentos em que a extravagância ou a originalidade estão no centro das atenções. Quando se encontra alguém com um chapéu em forma de galinha no metro, pensa-se: "Oh, que "zigoto"! Parece que fugiu de um desfile de moda para aves exóticas!"

ZOUAVE

Definição :

O termo "zouave" tem um duplo significado. Historicamente, refere-se a um soldado de infantaria, frequentemente de origem norte-africana, que serviu no exército francês a partir do século XIX. Atualmente, a palavra "zouave" também pode ser utilizada de forma mais informal para descrever alguém que se comporta de uma forma excêntrica.

Em que situação?

Imagine uma festa de máscaras em que alguém chega vestido de forma extravagante, com cores vivas e acessórios extravagantes. Poder-se-ia dizer com humor: "Estás tão "zouave" esta noite, que não podemos ignorar-te!" Neste contexto, "zouave" é utilizado para descrever a pessoa de uma forma jovial e colorida.

FISSA

Definição :

"Fissa" é uma expressão emprestada da gíria francesa e é frequentemente utilizada para significar rapidamente ou imediatamente. Vem do árabe "fissa", que significa "imediatamente". Em francês, esta expressão é frequentemente utilizada de forma informal e casual para encorajar alguém a agir rapidamente ou para expressar a urgência de uma situação.

Em que situação?

Por exemplo, se alguém lhe pedir para fazer algo rapidamente, poderá dizer: "Come on, "fissa", we've got no time to lose!" Esta é uma forma coloquial de enfatizar a importância da rapidez na ação.

É importante notar que "fissa" é uma expressão bastante informal e o seu uso pode depender do contexto e do nível de formalidade da situação.

ANDOUILLE

Definição :

"Andouille" também pode ser usado coloquialmente para descrever alguém que é um pouco tolo ou desajeitado nas suas acções, muitas vezes de uma forma humorística. É um termo usado para provocar alguém, sem intenção real de ferir os seus sentimentos.

Em que situação?

Imaginemos uma cena em que um amigo conta uma anedota particularmente simplista, provocando risos divertidos. Poderíamos dizer com um toque de humor: "Ah, mas que "andouille", estás sempre a contar-nos piadas de crianças!" Neste caso, a utilização da palavra "andouille" tem por objetivo sublinhar a simplicidade da piada de uma forma lúdica e descontraída.

A palavra "andouille" também pode ser utilizada para descrever uma pessoa que demonstra uma certa ingenuidade.

BARJO

Definição :

"Barjo" é uma palavra que evoca uma dose generosa de loucura frenética e excentricidade desenfreada. É como se a normalidade tivesse tirado um dia de folga e dado lugar a uma dança selvagem com o insólito. "Barjo" não é apenas loucura, é uma loucura que decidiu vestir o seu melhor fato de carnaval e dançar ao ritmo frenético da sua própria melodia delirante.

Em que situação?

Imagine-se no meio de uma festa de máscaras onde as regras da realidade parecem ter tirado férias. É o sítio perfeito para usar a palavra "barjo". Pode dizer algo como: "A noite passada foi totalmente "barjo", nunca adivinharão quem veio vestido de pinguim intergaláctico!" Utilize-a quando o inesperado e o louco se encontram num cocktail explosivo de extravagância.

Em suma, "Barjo" é como a especiaria da língua, acrescentando um sabor inesperado e um toque de loucura a tudo o que toca.

BIGLEUX

Definição :

"Bigleux" é uma palavra que evoca com ternura e humor uma pessoa com uma ligeira dificuldade em ver bem. É como se os óculos fossem facultativos e o mundo fosse um quadro impressionista desfocado. Ser "bigleux" é embarcar numa aventura quotidiana em que os pormenores se escondem por detrás de um véu misterioso, fazendo da vida uma comédia um pouco excêntrica.

Em que situação?

Imagine-se num café, a bebericar o seu café, quando de repente um amigo entra, sente falta de uma cadeira e pergunta-lhe onde é a casa de banho com um ar confuso. É o momento ideal para esboçar um sorriso conhecedor e dizer: "Oh, ele é "bigleux", mas é um encanto!" Utilize este termo para descrever os momentos em que a miopia se torna uma caraterística cativante.

Lembre-se de o usar também quando estiver a falar de alguém que tem dificuldade em discernir as subtilezas da vida quotidiana.

CHAMEAU

Definição :

"Chameau" é uma palavra retorcida para descrever alguém que é ligeiramente irritante, como um grão de areia persistente num sapato. Ser chamado de "chameau" neste contexto sugere uma tendência para irritar os outros através de um comportamento repetitivo ou exasperante. É uma forma jocosa de descrever alguém que é um pouco irritante.

Em que situação?

Imagine-se com um amigo que conta a mesma história vezes sem conta, sem se aperceber que já a ouviu antes. É nessa altura que pode dizer com humor: "Ele é mesmo um "chameau", sempre com a mesma história!" Utilize este termo para brincar com os hábitos irritantes sem ser demasiado crítico.

Em suma, "chameau" pode ser uma forma divertida de descrever um comportamento irritante sem ser demasiado sério.

FEIGNASSE

Definição :

"Feignasse" é uma expressão coloquial animada usada para descrever alguém que é preguiçoso ou relutante em fazer um esforço. Derivado da palavra "preguiçoso", capta a essência da indiferença, injectando uma dose de humor na crítica. O termo, embora um pouco provocador, é frequentemente utilizado com afeto entre amigos próximos.

Em que situação?

Imagine um dia de trabalho interminável, as tarefas a acumularem-se na secretária e, de repente, apercebe-se que esteve a procrastinar toda a manhã. É então que o "feignasse" entra em cena para aliviar o ambiente. Pode dizer-se a um colega, com um sorriso de quem sabe, "hoje sou oficialmente o maior "feignasse" do escritório". As gargalhadas surgem e, de repente, a pressão parece menos esmagadora.

FRIPOUILLE

Definição :

"Fripouille" é uma expressão lúdica e cheia de malícia para descrever uma pessoa maliciosa. O termo, com uma conotação ligeiramente provocadora, evoca alguém que sabe manobrar habilmente em situações complicadas, muitas vezes para atingir objectivos pessoais.

Em que situação?

A beleza da palavra "fripouille" reside no seu delicado equilíbrio entre a provocação e a admiração. Pode ser usada para descrever o colega de turma que consegue sempre escapar aos problemas com um sorriso malicioso, ou o amigo que, com astúcia, resolve problemas complexos num piscar de olhos. "Ah, esse "fripouille" arranjou outra solução engenhosa", dizemos com um misto de desafio e admiração.

LOQUEDU

Definição :

"Loquedu" é um termo pungente e colorido que evoca algo pouco atrativo ou desprezível. A palavra, tingida de desprezo, é frequentemente utilizada para exprimir uma aversão a algo considerado indigno de estima ou sem encanto.

Em que situação?

A palavra "loquedu" pode ser uma arma secreta no repertório de quem gosta de lidar com a linguagem com subtileza. Quando uma amiga lhe apresenta o novo namorado de gostos duvidosos, pode intervir: "Ah, charmoso, mas um pouco "loquedu", não é? Como um fato às riscas com uma gravata às bolinhas". Isto mostrará o seu lado distinto, ao mesmo tempo que deixa claro o que pensa do novo namorado.

MALANDRIN

Definição :

O termo "malandrin" evoca a imagem de um malandro astuto, malandro e astuto, por vezes com um toque de malícia. É uma palavra que perdurou ao longo dos tempos, surgindo do folclore para descrever uma personagem esperta, muitas vezes envolvida em truques desonestos. O malandro encarna uma espécie de charme vagabundo, combinando malícia e desenvoltura.

Em que situação?

Imagine uma reunião social onde o tédio reina supremo, com os convidados a abafar os seus bocejos atrás de copos de champanhe quente. É aí que entra o "malandrin". Um convidado, vestido de forma demasiado informal para a ocasião, aproxima-se do buffet, pega numa mão-cheia de petits fours e, com um sorriso conhecedor, declara: "Um "malandrin" tem de se sustentar, não é?" A sala ganha vida, as gargalhadas irrompem e, de repente, a palavra "malandrin" quebra a monotonia.

PEIGNE CUL

Definição :

"Peigne-cul" é uma expressão informal utilizada para descrever uma pessoa mesquinha ou avarenta. A expressão, por vezes tingida de humor grosseiro, sugere uma atitude tacanha ou mesquinha em relação aos outros, sublinhando uma disposição mesquinha e avarenta. Embora o termo possa parecer vulgar para alguns, é muitas vezes utilizado de uma forma ligeira.

Em que situação?

Imagine que está numa festa com amigos e que um deles se recusa teimosamente a partilhar uma fatia de bolo. Os outros convidados trocam olhares divertidos e alguém diz: "Bem, parece que ele é um verdadeiro "peigne-cul" com o seu bolo!

Todos desatam a rir, até a pessoa que aponta o dedo. Esta expressão é como uma arma secreta no arsenal linguístico. Por exemplo, se um colega se recusar a emprestar-lhe uma caneta, pode dizer com um sorriso malicioso: "Oh, não sejas tão "peigne-cul" com a tua caneta, ela não é de ouro!"

PIGNOUF

Definição :

O termo "pignouf" é uma expressão colorida e descontraída utilizada para descrever o ato de se masturbar. Oferece uma alternativa ligeira a um assunto por vezes delicado. É uma expressão popular e coloquial que nos permite abordar este assunto, por vezes tabu, de uma forma descontraída e fora do comum.

Em que situação?

Imagine uma noite com amigos em que a conversa toma um rumo inesperado. Alguém menciona subtilmente que passou uma noite tranquila em casa, e um brilho malicioso atravessa os olhos dos convidados... "Ah, a noite do "pignouf", a melhor maneira de combater o tédio!", diz um dos convidados, provocando uma explosão geral de risos.

O termo é utilizado com um misto de ironia e aprovação tácita, sublinhando o carácter universal desta atividade e evitando conotações demasiado sérias.

SE BLESSER

Definição :

A expressão "se blesser" é uma forma maliciosa e pouco usual de descrever o ato da masturbação. Utilizada com um toque de humor e descontração, a expressão assume uma perspetiva ligeira e entra no registo dos eufemismos maliciosos, sublinhando a brutalidade por vezes excessiva do exercício.

Em que situação?

Imagine um jantar com amigos em que, depois de algumas bebidas, a conversa toma um rumo inesperado. Alguém, com um sorriso na cara, pode dizer: "Bem, não sei o que vão fazer a seguir ao jantar, mas acho que vou para o "me blesser" um bocadinho". As gargalhadas explodem, os olhares trocam-se entre a cumplicidade e o divertimento.

"Se blesser" torna-se o termo subtil que desperta sorrisos de conhecimento sem revelar demasiada intimidade.

QUEUTARD

Definição :

"Queutard" é uma expressão informal e coloquial utilizada para descrever um homem que é particularmente propenso a uma busca ativa, ou mesmo obsessiva, do sexo. É usada para descrever informalmente alguém cujas preocupações parecem girar principalmente em torno dos prazeres da carne.

Em que situação?

Imaginemos um jantar com amigos em que todos estão a partilhar as suas experiências de namoro. A conversa toma um rumo inesperado quando alguém menciona um amigo e diz: "Sabes, Paulo, ele é mesmo um " queutard ". As gargalhadas irrompem, mas a verdade crua da · expressão ecoa pela sala.

A palavra "queutard" não é usada apenas para descrever um apetite sexual voraz, mas também para realçar a falta de subtileza na forma como esse apetite é perseguido. "Ele tem o charme de um rinoceronte em cio", poderíamos acrescentar, descrevendo as abordagens por vezes desajeitadas de Paul à sedução.

CHENAPAN

Definição :

"Chenapan", uma palavra cheia de travessuras e vivacidade, geralmente referindo-se a uma criança travessa ou a uma pessoa provocadora. Ser chamado de "chenapan" não é uma crítica, mas sim um reconhecimento alegre da brincadeira e do espírito brincalhão de alguém. É uma expressão tingida de ternura, que evoca a ideia de uma travessura encantadora e inocente.

Em que situação?

Imagine-se numa reunião de família em que um rapazinho esconde os óculos da avó por brincadeira. É nessa altura que se pode dizer: "Ah, seu "chenapan", sempre a pregar partidas! Utilize este termo para realçar as travessuras de uma pessoa.

Com humor, pode aplicá-lo a amigos ou colegas que gostam de pregar partidas. Por exemplo, se alguém fizer uma piada bem intencionada, pode rir-se e dizer: "Ah, seu "chenapan", enganaste-me! É uma forma afectuosa de realçar a natureza maliciosa de alguém.

HURLUBERLU

Definição :

"Hurluberlu" é um termo que evoca uma pessoa excêntrica e por vezes desconcertante. Ser chamado de "hurluberlu" não é uma crítica, mas sim um reconhecimento da singularidade de alguém. É uma expressão tingida de curiosidade e divertimento, muitas vezes descrevendo alguém que desafia as convenções com um toque de loucura encantadora.

Em que situação?

Imagine que está num evento de arte e alguém chega vestido com uma mistura de cores vivas e padrões arrojados. É nessa altura que pode dizer com um sorriso: "Ele é mesmo um "hurluberlu", o seu sentido de estilo é tudo menos vulgar!"

De uma forma pouco usual, pode aplicar-se a situações em que alguém adopta ideias ou abordagens invulgares. Por exemplo, se um amigo apresentar uma solução fora do comum para um problema, pode dizer com uma gargalhada: "És mesmo um "hurluberlu", como é que te lembras destas coisas?" É uma forma de reconhecer a originalidade de alguém.

TÊTE A CLAQUES

Definição :

A expressão "tête à claques" é uma descrição coloquial e gráfica de uma pessoa cujo rosto é incómodo ou irritante, ou que provoca o desejo de esbofetear alguém simbolicamente. Esta expressão, carregada de desaprovação humorística, enraizou-se na linguagem quotidiana para sublinhar a frustração ou a exasperação que uma pessoa pode suscitar nos outros.

Em que situação?

Imagine uma noite em que todos partilham as suas histórias de trabalho. Todos têm a sua própria história, mas uma pessoa monopoliza a conversa com relatos intermináveis das suas façanhas desinteressantes. Todos ouvem educadamente, mas os olhares de cada um revelam a irritação geral. Nessa altura, alguém sorri com conhecimento de causa e diz: "Âh, mais uma história emocionante do nosso "tête à claques" preferido!" As gargalhadas irrompem e, de repente, a noite deixa de ser um nabo aborrecido e passa a ser uma comédia delirante.

TRIPLE BUSE

Definição :

A expressão "triple buse" é utilizada para descrever alguém que é tolo ou estúpido. Esta metáfora absurda combina o conceito de estupidez com a imagem cómica de três autocarros, sublinhando a dimensão exagerada da estupidez da pessoa.

Em que situação?

Imagine uma situação em que um amigo decide jogar futebol com uma bola vazia e fica surpreendido por ela não saltar corretamente. Um outro amigo, dotado de um sentido de humor sarcástico, poderia então dizer com um sorriso irónico "Bem, superaste-te outra vez. "TRIPLE BUSE"! Não se pode jogar futebol com uma bola vazia!

Esta expressão é utilizada em alturas em que o absurdo está no auge e é necessário apontar o óbvio de uma forma humorística.

TRONCHE DE CAKE

Definição :

"Tronche de cake" é uma expressão coloquial utilizada para descrever um rosto pouco lisonjeiro ou mesmo feio. A palavra "cake" neste contexto não se refere a um delicioso bolo doce, mas sim a uma pessoa com um físico pouco atrativo. Utilizada de forma lúdica, esta expressão é muitas vezes utilizada como uma provocação suave.

Em que situação?

Imagine uma noite com amigos em que todos partilham histórias da semana. Dá por si a ouvir o relato do seu amigo sobre um encontro infeliz. "Fui a um encontro com esta pessoa e, a sério, que "tronche de cake"! Não conseguia concentrar-me na conversa, só me perguntava se era uma câmara escondida".

VIOC

Definição :

"Vioc" é uma expressão coloquial e algo irreverente para designar uma pessoa idosa. O termo, derivado da palavra "velho", é frequentemente utilizado de forma ligeira e informal para designar as pessoas que acumularam um certo número de anos. O uso de "vioc" pode ser entendido como desrespeitoso, dependendo do contexto e do público.

Em que situação?

Imaginemos uma noite com amigos, em que a conversa se centra nos mistérios da juventude e nas inevitabilidades do envelhecimento. É aí que entra o nosso especialista em humor subtil: "Ah, os "viocs", estamos todos à espera que eles morram, não é? "Segue-se uma explosão de risos e todos sabem que a piada é feita com afeto e provocação.

Mais tarde, este pequeno brincalhão fica a saber que não vai receber qualquer herança, pois o seu avô mantinha uma relação escondida há várias décadas.

ARRIÉRÉ

Definição :

O termo "arriéré" (atrasado) foi outrora utilizado de forma insensível para designar uma pessoa com atraso mental. No entanto, o seu uso evoluiu e a sociedade abandonou gradualmente esta expressão em favor de termos mais respeitosos, como "pessoa com deficiência intelectual". No entanto, continua a ser utilizada para rir respeitosamente de um amigo que faz algo estúpido.

Em que situação?

Imagine uma situação absurda: uma reunião de super-heróis, cada um com capacidades incríveis, mas há sempre um "herói" que chega e falha todas as missões. Ele torna-se então o "super-arriéré", um personagem desastrado e distraído que perde sempre para o vilão. Os seus superpoderes incluem a capacidade de escolher sempre a decisão mais ou menos oportuna para aparecer. Os outros heróis, apesar da sua paciência, não podem deixar de brincar com a sua propensão para ser "arriéré, mesmo no universo paralelo".

RACAILLE

Definição :

"Racaille" é um termo da gíria para designar um grupo de pessoas consideradas marginais, frequentemente associadas à delinquência ou a comportamentos socialmente inaceitáveis. Utilizado de forma pejorativa, muitas vezes por pessoas mais velhas, pode abranger vários perfis, desde jovens ociosos a indivíduos à margem da sociedade.

Em que situação?

Noutro contexto, dois amigos passeiam numa zona animada da cidade e deparam-se com jovens com um estilo rebelde. Um deles brinca: "Parece que os "racailles" locais decidiram sair hoje". "Aqui, o termo é utilizado com um toque de ironia, sublinhando a perceção da inofensividade do grupo e injectando humor na conversa.

CAGEOT

Definição :

O termo "cageot" é uma expressão de calão utilizada para descrever de forma pouco lisonjeira uma pessoa, geralmente uma mulher, considerada fisicamente pouco atraente. Trata-se de uma metáfora ousada que compara a pessoa a um "cageot", evocando a ideia de algo inestético e rudimentar.

Em que situação?

Imagine-se numa noite social, rodeado de pessoas formais e conversas educadas. De repente, um amigo, procurando injetar um pouco de leveza no ambiente, comenta discretamente: "Bem, esta festa está cheia de " cageots " esta noite! "As gargalhadas explodem e todos tentam, discretamente, identificar os "cageots" em questão. É aqui que este termo encontra o seu campo de ação.

No entanto, é essencial lidar com a palavra "cageot" com cautela. Pode dar um toque de humor em ambientes informais, mas a sua utilização pode rapidamente tornar-se incómoda e ofensiva.

EXPRESSÕES

IL EST PLUS SERRÉ QUE LE FION D'UNE PUCE AU-DESSUS D'UN BARIL DE PLUIE

Definição :

Esta expressão francesa icónica, "está mais apertado do que o rabo de uma pulga sobre um barril de chuva", é uma metáfora colorida utilizada para descrever uma pessoa extremamente sovina, muito próxima da sua bolsa. Esta comparação imaginária sugere uma aversão extrema às despesas, sublinhando uma frugalidade quase cómica.

Em que situação?

Imaginem uma saída à noite com amigos, todos a contribuir para o fundo da pizza. Todos deixaram cair algumas notas, exceto o Marc. Todos os olhares se viram para ele, à espera da sua contribuição. Então alguém sorri e diz: "Bem, o Marco 'est plus serré que le fion d'une puce au-dessus d'un baril de pluie !

O riso irrompe, mas para além do divertimento, esta expressão sublinha de forma hilariante a mesquinhez de Marco.

ELLE POURRAIT DÉCLENCHER UNE DISPUTE DANS UNE MAISON VIDE

Definição :

" Ela poderia começar uma briga numa casa vazia" é uma metáfora intrigante usada para descrever uma pessoa com um comportamento provocador, capaz de provocar tensão mesmo em situações calmas ou triviais. É uma forma colorida de ilustrar a capacidade de alguém para criar fricção e conflito.

Em que situação?

É nestes momentos de tensão latente que a expressão é mais relevante. Pode ser usada com um toque de ironia para descrever aquela pessoa que, sem qualquer esforço aparente, transforma as conversas mais inócuas em arenas ardentes de debate. "Ontem estávamos a falar sobre o tempo e ela conseguiu iniciar um debate sobre o aquecimento global! "Elle pourrait déclencher une dispute dans une maison vide", essa."

CELA A AUTANT DE SENS QUE LES NICHONS D'UN TAUREAU

Definição :

Esta expressão, "faz tanto sentido como as mamas de um touro", é uma metáfora humorística que realça o absurdo, a inutilidade ou a falta de lógica de uma situação, ideia ou proposta. Ao comparar a presença de mamas num touro, que normalmente não as tem, a algo sem sentido, esta expressão colorida acrescenta um toque de ironia e escárnio.

Em que situação?

Imagine-se numa reunião em que um colega apresenta uma ideia tão rebuscada que até o quadro branco parece perplexo. Nesse preciso momento, pode dizer com um sorriso: "Essa sugestão "a autant de sens que les nichons d'un taureau" ! Os olhares levantam-se, os sorrisos trocam-se e, de repente, o absurdo da situação torna-se óbvio para todos.

IL A PAS LA LUMIÈRE À TOUS LES ÉTAGES

Definição :

" Ele não tem luz em todos os níveis?", eis outra metáfora humorística utilizada para descrever uma pessoa como pouco inteligente ou cognitivamente deficiente. Ao sugerir que lhe falta brilho em certos níveis da sua mente, esta expressão alude a uma inteligência potencialmente incompleta ou a ideias que estão um pouco desfasadas.

Em que situação?

Utilizar esta expressão é como desfrutar de uma chávena de café forte durante uma conversa seca. Injecta instantaneamente uma dose de humor e leveza, ao mesmo tempo que sublinha subtilmente momentos de perplexidade intelectual; "Oh, ele perdeu as chaves outra vez, pela terceira vez esta semana. "Il a pas la lumière à tous les étages", esse!", alguém abana a cabeça em sinal de pena.

Esta formulação dá um toque de leveza à situação grave em causa e anima a pessoa em causa.

J'AI LES DENTS DU FOND QUI BAIGNENT

Definição :

Expressão utilizada para descrever uma forte sensação de náusea, "os meus dentes de baixo estão a nadar" é frequentemente associada a um profundo desgosto. Sugere que o desconforto é tão intenso que até os molares, localizados na parte de trás da boca, estão submersos de uma forma imaginária. Esta frase pitoresca oferece uma forma colorida e divertida de exprimir a vontade de vomitar.

Em que situação?

A utilização desta expressão é um ato de bravura cómica, transformando uma situação desconfortável num momento de hilaridade absoluta. Num determinado contexto, no trabalho por exemplo, um amigo e colega, depois de uma noite de copos a mais, pode suspirar e murmurar durante uma reunião: "Depois daquela apresentação, "j'ai les dents du fond qui baignent"".

É como se a expressão se tivesse tornado uma licença para o humor, uma forma de dizer que algo é tão confuso ou repulsivo que nem os molares conseguem escapar-lhe.

JE VAIS COULER UN BRONZE

Definição :

A expressão "afundar um bronze" é uma forma original de descrever a necessidade premente de ir à casa de banho para uma função muito específica: a defecação. Esta metáfora tem origem na cor caraterística de certas estátuas de bronze.

Em que situação?

A expressão "couler un bronze" é como o segredo bem guardado de uma conversa educada. Permite que um assunto delicado seja abordado de uma forma divertida, quebrando as barreiras da reserva social. Num contexto menos formal, alguém pode dizer a um amigo, rindo: "Estou atrasado, quase "coulé un bronze" na fila da casa de banho!" Esta metáfora encontra o seu lugar nos momentos quotidianos em que podemos partilhar, com um toque de humor, uma experiência que é tão universal como natural.

Y A PAS A TORTILLER DU CUL POUR CHIER DROIT

Definição :

Uma metáfora colorida e algo gráfica. " Não é preciso torcer o rabo para cagar direito" significa que não há necessidade de hesitar ou de fazer rodeios para atingir um objetivo ou exprimir uma opinião clara. Por outras palavras, incentiva a franqueza e a frontalidade, sugerindo que, por vezes, é melhor ir direto ao assunto, sem se perder em convoluções inúteis.

Em que situação?

Esta expressão é utilizada em alturas em que é necessária clareza e franqueza, mas com um toque de humor. Por exemplo, numa reunião em que as ideias se cruzam, alguém pode dizer: "'Y a pas à tortiller du cul pour chier droit', a solução é óbvia, vamos a isso!"

É como um foco de simplicidade no meio de uma aparente complexidade.

J'AI LE CIGARE AU BORD DES LEVRES

Definição :

Uma forma peculiar e algo gráfica de exprimir a necessidade urgente de ir à casa de banho, especificamente para evacuar os intestinos. Esta metáfora visual, "Tenho o charuto à volta dos lábios", ao comparar a urgência fecal com a proximidade de um charuto dos lábios, dá um toque humorístico a um assunto geralmente considerado delicado.

Em que situação?

Esta expressão é como um passaporte para o humor escatológico aceite nas situações mais sérias. Noutro contexto, imagine um jantar de luxo com os seus sogros. Depois de uma refeição farta, o seu sogro, em vez de se retirar discretamente, declara com um sorriso conhecedor: "Desculpe, "j'ai le cigare au bord des lèvres", vou retirar-me por um momento".

O riso abafado nos guardanapos mistura-se com uma aceitação tácita de que, por vezes, a vida exige uma dose de leviandade mesmo em momentos delicados.

JE VAIS LUI CASSER LES PATTES ARRIERES

Definição :

É uma imagem colorida e algo brutal, " Vou partir-lhe as pernas" pode ser usada para descrever o ato de fazer amor com intensidade e paixão. A imagem evocada pela quebra das patas traseiras sugere energia física e uma determinação de se envolver num encontro amoroso mais robusto e dinâmico.

Em que situação?

Imaginem uma noite romântica, as velas a tremeluzir, a música de fundo a criar uma atmosfera sensual. Uma pessoa, tentando aumentar a temperatura da noite, diz maliciosamente: "Com este ambiente, esta noite "je vais luis casser les pattes arrières !"" Faz-se um silêncio momentâneo, seguido de uma gargalhada geral. A frase, embora deliberadamente grosseira, dá um toque de leveza à intimidade, transformando uma simples declaração de intenções numa declaração de amor com um toque de humor.

CHIER DANS LA COLLE

Definição :

É uma metáfora colorida e gráfica utilizada para significar que alguém cometeu um erro monumental ou falhou espetacularmente numa tarefa ou empreendimento. A imagem de "cagar na cola" evoca a extrema falta de jeito, transformando um simples erro num ato deliberado de caos.

Em que situação?

Imagine uma segunda-feira de manhã no escritório, com a máquina de café a zumbir e os colegas a trocarem olhares cansados. De repente, alguém se apercebe que se esqueceu de guardar o relatório crucial de sexta-feira. A sala fica paralisada. Depois, alguém solta um suspiro exasperado: "Bem, Marco, desta vez "t'as vraiment chié dans la colle"! A tensão dissipa-se numa explosão de riso coletivo e, de repente, a manhã de segunda-feira parece um pouco menos intransponível.

IL A LE CUL BORDE DE NOUILLES

Definição :

"Ter o cu cheio de massa" é uma expressão colorida da linguagem popular que significa ter sorte de uma forma quase milagrosa. A imagem humorística evocada por esta frase é a de uma pessoa cujo rabo está rodeado de massa, sugerindo uma proteção quase milagrosa contra os perigos da vida.

Em que situação?

Esta expressão é como um convite a olhar para o lado positivo da sorte, mas de uma forma cómica. Pode ser usada no escritório quando alguém ganha a lotaria, dizendo algo como: "'Tu as vraiment le cul bored de nouilles' por teres tirado o número vencedor!" É uma forma subtil de celebrar a boa sorte e, ao mesmo tempo, injetar uma dose de humor na conversa.

IL Y A UNE COUILLE DANS LE POTAGE

Definição :

A expressão "Há uma bola na sopa" é uma metáfora cómica utilizada para assinalar a presença de um problema ou de uma complicação numa determinada situação. A imagem visual da sopa é assim associada a uma perturbação inesperada, criando uma metáfora colorida para descrever circunstâncias indesejáveis.

Em que situação?

A expressão presta-se a todo o tipo de situações. Um encontro que toma um rumo inesperado? "Bem, "il y a une couille dans le potage", mas pelo menos não vai ser aborrecido!" Ou talvez quando um plano de férias perfeito se transforma num desafio logístico intransponível: "Parece que há um "couille dans le potage" no nosso plano de férias, mas vamos improvisar e rir à gargalhada!"

COMME MES COUILLES LUI, TOUJOURS ENTRE MES PATTES

Definição :

Trata-se de uma expressão grosseira e colorida, utilizada para exprimir um sentimento de cansaço ou exasperação em relação a uma pessoa pegajosa ou intrusiva. A imagem das "bolas entre as pernas" evoca uma situação incómoda e opressiva, criando uma metáfora visual para o desejo de se libertar das garras de alguém.

Em que situação?

Esta expressão encontra o seu espaço nos momentos de frustração, quando a subtileza dá lugar à exasperação. Traz uma dose de humor grosseiro a uma situação pesada, ao mesmo tempo que cria uma atmosfera de cumplicidade entre aqueles que partilham o sentimento de sufoco. É uma arma linguística de dois gumes, porque ao mesmo tempo que alivia a tensão, também pode ser surpreendentemente grosseira. Assim, "Comme mes couilles lui, toujours entre mes pattes" torna-se o riso necessário para minimizar uma situação intrusiva.

IL PLEUT COMME VACHE QUI PISSE

Definição :

Trata-se de uma metáfora utilizada para descrever um aguaceiro torrencial. Ao comparar a chuva à urina de uma vaca, a expressão evoca uma intensidade súbita e abundante de precipitação. Esta expressão pitoresca testemunha a riqueza da língua na criação de imagens vivas.

Em que situação?

A utilização desta expressão vai para além das simples observações meteorológicas. Imagine-se num jantar de luxo em que alguém, provavelmente o gourmet da noite, declara: "O vinho está a correr nos nossos copos "comme vache qui pisse !"" É nestes contextos fora do comum que esta expressão encontra o seu lugar, acrescentando uma nota de humor e ironia a situações por vezes sérias.

C'EST PAS UNE FOIS QU'ON S'EST CHIE DESSUS QU'IL FAUT SERRER LES FESSES

Definição :

Sugere humildemente que tomar precauções depois de uma experiência desagradável é inútil. Sugere que devemos agir de forma preventiva e não reactiva para evitar problemas. A imagem do cagalhão, embora grosseira, acrescenta uma dimensão humorística a esta lição de senso comum.

Em que situação?

Imagine um grupo de amigos a planear uma saída para as montanhas. Um deles, preocupado com a inconstância do tempo, sugere levar impermeáveis para o caso de chover. Então, um filósofo amador, provavelmente aquele que já viveu a aventura de uma chuva inesperada sem proteção, intervém com um sorriso zombeteiro: "'Ce n'est pas une fois qu'on s'est chié dessus qu'il faut serrer les fesses', malta!"

NE PAS CASSER TROIS PATTES A UN CANARD

Definição :

A expressão "não quebres as três pernas de um pato" é uma forma colorida de descrever algo que é vulgar, banal ou sem características excepcionais. Sugere que o objeto ou a situação em questão carece de singularidade ou originalidade.

Em que situação?

Esta expressão surge em situações em que se pretende moderar as expectativas ou tirar o dramatismo de algo bastante trivial. Por exemplo, durante uma apresentação no trabalho, pode dizer-se com um piscar de olhos: "Os meus dotes de malabarista "ne va pas casser trois pattes à un canard", mas prometo não deitar abaixo nenhum projeto em curso". É uma forma encantadora de reconhecer os limites e, ao mesmo tempo, injetar uma dose de humor.

ON A PAS ELEVE LES COCHONS ENSEMBLE

Definição :

É uma expressão de senso comum. É utilizada para lembrar a alguém que, apesar da aparente familiaridade, há limites para a confiança ou a intimidade partilhada. A imagem de porcos criados juntos simboliza uma relação próxima e duradoura, frequentemente associada à família ou a amigos de infância.

Em que situação?

Imagine-se num jantar de família em que a tia Verónica está a interferir demasiado nos assuntos de todos. A sua avó, ansiosa por manter os limites da família, poderia dizer com um sorriso malicioso: "Tia Verónica, sabe, "on a pas élevé les cochons ensemble!" A mesa desata a rir e até a tia Verónica não resiste a sorrir, compreendendo que há assuntos que exigem alguma reserva.

QUI MANGE UNE NOIX DE COCO FAIT CONFIANCE A SON ANUS

Definição :

Metáfora ousada, que sublinha a necessidade de pensar antes de tomar uma ação arriscada ou ousada. É a ideia de que certas decisões podem ter consequências inesperadas e que temos de assumir a responsabilidade pelas nossas escolhas, tal como alguém que come um coco tem de confiar na sua anatomia para lidar com as consequências.

Em que situação?

A expressão encaixa perfeitamente em conversas em que se exploram escolhas arriscadas ou decisões espontâneas. "Estou a pensar em deixar o meu emprego e viajar pelo mundo", diz alguém. Um amigo sábio responde-lhe com um sorriso: "Lembra-te, "qui mange une noix de coco fait confiance à son anus"". Um lembrete humorístico de que a aventura pode, por vezes, ter resultados inesperados.

NE PAS POUSSER
MÉMÉ DANS LES ORTIES

Definição :

É uma forma divertida de aconselhar prudência ou moderação. Sugere que não se exagere ou se vá demasiado longe numa determinada situação para evitar consequências desagradáveis. A imagem mental de empurrar a avó para as urtigas reforça o carácter humorístico deste aviso.

Em que situação?

Esta expressão presta-se perfeitamente a momentos em que as coisas correm o risco de ir longe demais. Imagine que um amigo está a planear uma festa épica que inclui uma girafa insuflável e uma fonte de chocolate com três níveis. Pode sorrir e dizer: "É uma óptima ideia, mas talvez não devesses "pousser mémé dans les orties" com todas essas extravagâncias!" Isto dá um toque de humor à situação, ao mesmo tempo que nos recorda subtilmente que a moderação pode, por vezes, ser uma coisa boa.

ENCORE UN QUE LES BOCHES N'AURONT PAS

Definição :

É uma frase jovial e algo irreverente utilizada depois de se ter esgotado o copo de álcool. Este provérbio, cheio de humor, remonta provavelmente aos tempos de tensão histórica, evocando ironicamente a ideia de que cada bocado consumido priva o inimigo ("boches", ou seja, os alemães) de um precioso recurso alcoólico.

Em que situação?

Esta expressão é como uma bolha de leveza no fluxo da vida quotidiana. Quer se trate de uma noite com amigos, de uma refeição em família ou de uma reunião festiva, é a forma perfeita de relaxar. ""Encore un que les boches n'auront pas "! Talvez devêssemos deixar um pouco para a próxima geração", diz alguém com um piscar de olhos, acrescentando uma nota de reflexão divertida.

FIM

ENTÃO CHEGASTE AO FIM DO LIVRO?

AGORA ÉS UM VERDADEIRO FRANCÊS!

AGL EDITIONS

"Dedicatória aos meus avós Luiz e Marilia"

Alexandre GOMES